W0216900

ORACLE DU CHANT DE LA TERRE

TARN ELLIS

ORACLE DU CHANT DE LA TERRE

Guidance et sagesse de Mère Nature

Intuitives
ÉDITIONS

Titre original : *Earth Song Oracle*
Publié pour la première fois en anglais
par Rockpool Publishing.
rockpoolpublishing.com

© 2024, Tarn Ellis pour le texte et les illustrations.
© 2024, Rockpool Publishing pour le design de la maquette.

© 2025, Intuitives Éditions, une marque du groupe Guy Trédaniel, pour la traduction française.

Traduit de l'anglais par Marie-Noëlle Pichard.

ISBN : 978-2-38297-127-7

Aucune partie de cet ouvrage ne peut être reproduite ou utilisée sous quelque forme ou par quelque moyen que ce soit, électronique ou mécanique, y compris photocopies, enregistrements ou tout système de stockage et de récupération des informations, sans l'autorisation écrite préalable de l'éditeur.

Imprimé en Chine.

www.editions-tredaniel.com
info@guytredaniel.fr
www.facebook.com/tredanieleso
@tredaniel_eso

FSC
www.fsc.org
MIX
Paper | Supporting responsible forestry
FSC® C144853

Dédié à Mère Nature,
ma plus grande source d'inspiration,
de paix et de joie.

SOMMAIRE

INTRODUCTION

IL Y A UN PLAISIR DES BOIS SANS CHEMIN,
IL Y A UN RAVISSEMENT SUR LE RIVAGE SOLITAIRE,
IL Y A UNE SOCIÉTÉ OÙ PERSONNE NE S'IMMISCE,
PRÈS DE LA MER PROFONDE OÙ RUGIT SA MUSIQUE.
JE N'EN AIME PAS MOINS L'HOMME,
MAIS PLUS LA NATURE.
— LORD BYRON

Cet oracle, fondé sur l'idée que toutes les réponses dont vous avez besoin sont prodiguées par la terre, offre conseils et guidance directement inspirés par la nature. Le chant de la terre est plein de sagesse et riche d'enseignements, si vous êtes capable de les déchiffrer. *L'Oracle du chant de la terre* se propose de les traduire.

Mon affinité avec le monde naturel a toujours été profonde. Ayant grandi à la campagne, je me sentais proche des éléments. Les fleurs sauvages qui envahissaient le jardin attiraient des nuées de papillons. Le ciel était si clair que mon père me montrait les différentes constellations à la nuit tombée. Je connaissais plus de noms d'arbres et de plantes que de personnages de dessins animés.

Mon amour pour la nature a grandi avec le temps. J'ai passé de nombreuses années à voyager seule dans des paysages sauvages. De chaque lieu, je tirais une nouvelle leçon et cette nature féminine et nourricière me rassurait. J'ai éprouvé un sentiment d'éternité dans l'ancienne forêt pluviale australienne. Au Portugal, la puissance des vagues m'a enseigné l'humilité et j'ai pris conscience de ma petitesse dans les Alpes françaises. J'ai cultivé un profond respect et un grand amour pour chaque élément, créature et plante et j'abordais chaque nouvel environnement avec un esprit ouvert, en me demandant ce qu'il pourrait m'apprendre. Aujourd'hui, j'aime partager avec d'autres mon lien avec la nature en représentant la Terre Mère dans mon art.

Je crois que tout le monde peut bénéficier comme moi de la nature, si l'on sait comment faire.

Nul ne peut sortir seul dans la nature sans avoir l'impression d'avoir appris quelque chose – quelque chose sur le monde ou quelque chose sur soi. Il est impossible de grimper au sommet d'une montagne pour voir le lever du soleil sans être ému. Si vous rangez votre téléphone et écoutez la mélodie que chante la terre, si vous vous accordez à sa fréquence, vous raviverez cet émerveillement que vous éprouviez étant enfant.

L'Oracle du chant de la terre vous aide à vous reconnecter au monde naturel, en profitant de son antique sagesse. Il jette un pont entre ce monde et vous-même, vous reliant à votre dessein le plus profond.

COMMENT UTILISER LES CARTES

Ce coffret contient 36 cartes, chacune représentant un aspect différent du monde naturel. L'illustration s'accompagne de trois mots résumant l'essence de cet élément. Ces mots donnent un aperçu de la signification de la carte, à vous de les interpréter en fonction de votre situation. S'il vous faut plus de précisions, vous les trouverez dans les textes de ce livre accompagnant chaque carte.

Toutes les fois où vous avez besoin d'être éclairé, choisissez une carte et laissez le chant de la terre vous guider.

Quand vous prenez vos cartes, vous devez d'abord leur infuser votre énergie. Cela peut être fait en les manipulant et en les mélangeant, ce qui vous aidera à bien les connaître et leur permettra de mieux travailler avec vous.

Cet oracle s'utilise de deux manières :

En posant des questions pour obtenir des conseils et des guidances concernant votre vie. Pensez à une question qui vous intéresse. Formulez-la aussi précisément que possible dans votre esprit, puis mélangez les cartes en vous concentrant sur votre demande et arrêtez-vous seulement quand vous sentez le moment venu. Étalez les cartes face cachée, devant vous. Passez votre main au-dessus et choisissez la carte qui vous attire. Vous pouvez interpréter son message d'une manière qui a du sens pour vous et qui répond à votre question, il n'y a pas de bonne ou de mauvaise technique. La carte aura une signification différente pour vous selon les moments, alors laissez-vous guider par votre intuition. Si vous avez besoin d'aide, référez-vous au texte d'accompagnement. Il est souvent utile de méditer ou de tenir un journal par la suite.

Si vous n'avez pas de question spécifique, mélangez les cartes sans chercher de réponse. Étalez-les devant vous et choisissez celle qui vous attire. Chacune a ses caractéristiques positives propres à vous motiver et vous éclairer. Vous pouvez en tirer un mantra à répéter et à méditer pour insuffler positivité et détermination à votre journée. Pensez aussi à tenir un journal.

TIRAGES

TIRAGE À UNE CARTE

Le tirage à une carte s'utilise pour obtenir une réponse rapide à une question ou pour créer votre inspiration ou mantra du jour.

TIRAGE CHRONOLOGIQUE

LE PASSÉ LE PRÉSENT LE FUTUR

Ce tirage permet de mieux comprendre les tenants et les aboutissants de votre question.

TIRAGE EN FLEUR À CINQ CARTES

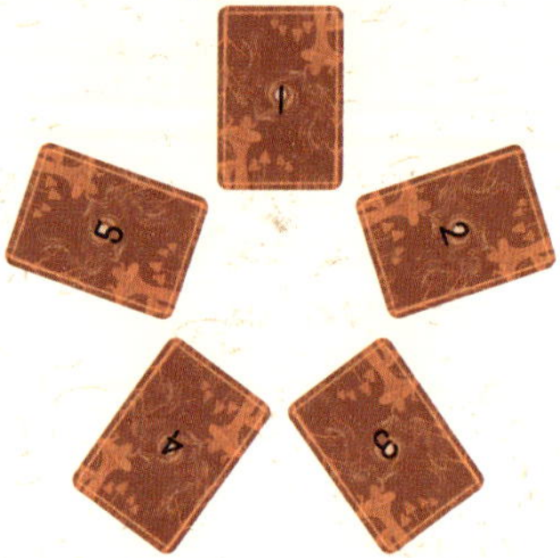

Le tirage en fleur peut vous aider à approfondir votre lien avec la nature en dévoilant les éléments qui jouent un rôle dans votre vie à ce moment-là.

1. Cette carte révèle l'élément dont vous partagez les aspects positifs en ce moment.
2. Cette carte indique l'élément et l'énergie dont vous avez davantage besoin dans votre vie.
3. Cette carte représente ce contre quoi vous luttez actuellement et ce qui peut vous bloquer.
4. Cette carte révèle ce que vous pouvez faire pour apporter plus de joie dans votre vie.
5. Cette carte représente comment les autres vous voient et votre impact sur eux.

CARTES
DE L'ORACLE

1. MONTAGNE

Force, constance, stabilité

Gardez confiance en vous et en votre voie.

CHANT DE LA MONTAGNE : la Montagne sait profondément qu'elle a le droit d'être là. Forte de cette connaissance, elle se tient droite et fière, immobile et ferme. Elle est là depuis bien plus longtemps que vous ne pouvez l'imaginer et y sera encore bien après votre départ. Le chant de la Montagne est fait de force et de ténacité. Elle résiste à tous les temps : soleil brûlant, pluie battante, foudre et tempêtes. Les hommes tentent d'atteindre son sommet, les animaux paissent sur ses pentes et les rivières creusent ses flancs. Pourtant, elle reste inébranlable, avec un air d'éternité.

CONSEILS DE LA MONTAGNE : quelles que soient les épreuves rencontrées, gardez confiance, vous êtes sur le bon chemin. Ne faites pas de compromis et ne vous pliez pas trop aux exigences d'autrui. Bien que la souplesse et les concessions soient parfois bénéfiques, céder trop souvent peut vous faire perdre de vue ce que vous attendez vraiment de la vie. Ne vous laissez pas convaincre facilement et n'ayez pas peur de dire non à ce qui ne correspond pas à vos objectifs ou à votre morale. Dans certaines situations, même s'il peut paraître plus facile de fuir, il est important de résister. Restez sur vos positions. Vous avez de la ressource et pouvez faire face à bien plus que vous ne le pensiez d'abord. Vous êtes capable de supporter les orages qui vous frappent. Vous avez la force de vous relever, de vous tenir fièrement debout.

2. RIVIÈRE

Voyage, courant, abandon

Fiez-vous à votre voyage et suivez le courant.

CHANT DE LA RIVIÈRE : la Rivière coule vers l'océan, apportant la vie aux poissons qui nagent dans ses eaux, ainsi qu'aux animaux et aux plantes qui peuplent ses rives. Elle peut varier en taille et en profondeur. Elle peut être large ou étroite, couler vite ou lentement, mais une chose ne change pas : elle suit son cours, se déplaçant dans une seule direction jusqu'aux eaux salées de l'océan. Si des obstacles se dressent sur son chemin, elle les contourne et poursuit sa route. Pour la Rivière, il n'y a pas de retour en arrière possible, pas de lutte contre le courant. Le chant de la Rivière parle de se rendre, d'avancer sans résister. Il est question de s'abandonner aux inévitables aléas de la vie.

CONSEILS DE LA RIVIÈRE : bien qu'il soit tentant de baisser les bras devant les obstacles ou les difficultés, il faut aller de l'avant. Revenir en arrière, ressasser le passé, freinera votre progression et vous empêchera de vivre pleinement le moment présent. Regardez vers l'avenir tout en étant conscient que vous ne pouvez pas tout anticiper ; la vie ne se déroule pas toujours comme prévu. Ayez confiance dans la direction que vous prenez, mais soyez assez flexible pour en changer lorsque de nouvelles voies s'ouvrent. Pratiquez l'acceptation sans résistance. Vous constaterez que la vie devient plus facile si vous choisissez de suivre le courant et de lâcher votre emprise sur ce que vous ne pouvez pas contrôler.

3. FLEUR SAUVAGE

Imprévu, joie, hasard heureux

Restez ouvert aux joies imprévues.

CHANT DE LA FLEUR SAUVAGE : la Fleur sauvage apporte beauté et joie dans des endroits improbables. Contrairement à ses sœurs cultivées, la Fleur sauvage n'est pas semée intentionnellement par un jardinier. Souvent considérée comme une mauvaise herbe, elle ne manque pourtant ni de grâces ni de couleurs.

Elle surgit au hasard, poussant entre les fissures d'un trottoir, dans une haie à l'abandon ou dans un champ de chardons. Elle n'a pas besoin d'un sol riche pour s'épanouir. La Fleur sauvage chante un chant de beauté discrète et de joie imprévue. Elle vient comme une surprise, de manière inopinée, mais n'en est pas moins merveilleuse.

CONSEILS DE LA FLEUR SAUVAGE : cette carte vous dit de guetter les joies inattendues. Même dans les périodes sombres, il y a de petites choses à apprécier. Envisagez la situation sous un autre angle, car les « mauvaises herbes » de la vie peuvent aussi être belles. Si vous êtes prêt à accueillir ces bénédictions imprévues, vous permettrez à plus d'opportunités et de bonheur d'entrer dans votre vie. La joie viendra quand vous ne vous y attendez pas. Gardez les yeux et le cœur ouverts afin d'envisager toutes les possibilités et pas seulement celles qui semblent les plus logiques ou les plus fiables. Il y a toujours des opportunités. Même si elles ne correspondent pas à ce que vous attendiez, vous devez être prêt à dire oui. Soyez spontané et oubliez vos plans pour un temps ; des choses merveilleuses peuvent advenir quand vous vous octroyez plus de liberté.

4. LOTUS

Pureté, résilience, renouveau

La ténacité et la foi abattent les obstacles.

CHANT DU LOTUS : le Lotus est une belle fleur qui pousse dans des eaux boueuses. Non seulement il se complaît dans des endroits où d'autres fleurs dépériraient, mais il renaît chaque jour. Chaque matin, le Lotus émerge de l'eau trouble pour s'ouvrir et s'épanouir dans toute sa gloire. Puis, à la tombée de la nuit, il disparaît dans l'eau pour ressurgir à l'aube. Cette alternance de retraits et d'émergences est un signe de résilience. Le Lotus renaît continuellement, passant des profondeurs obscures à la lumière du jour. Sa graine est également capable de survivre des milliers d'années sans eau. Le chant du Lotus est fort et puissant, un chant de foi et de détermination inébranlables. Venant des ténèbres, le Lotus ressurgit chaque jour, en dépit de tout.

CONSEILS DU LOTUS : l'apparition de cette carte signifie que vous avez dû faire preuve de résilience et de détermination. Continuez à suivre votre voie en restant mobilisé. Peu importent les problèmes rencontrés, sachez que vous avez la force de les affronter et de les surmonter. Il se peut que vos débuts aient été difficiles et qu'il vous semble compliqué de poursuivre. Mais rappelez-vous tout ce que vous avez traversé, et pourtant vous réémergez. Vous pouvez créer de la beauté dans votre vie sans luxe ni extravagance. Vous avez la capacité de traverser des situations délicates tout en conservant votre essence unique et pure ; ne laissez pas la vie vous endurcir. Vous connaîtrez certainement une belle renaissance.

5. GRAINE

Potentiel, espoir, interconnexion

Votre potentiel est infini... ayez foi en l'avenir.

CHANT DE LA GRAINE : la Graine est petite, mais riche d'un potentiel inimaginable. Née d'une plante, elle contient la possibilité d'un nombre illimité d'autres plantes. Elle est le début et la fin de la vie. Elle peut rester en sommeil de nombreuses années avant de germer. La Graine est comme un utérus – un sanctuaire, un endroit d'où une nouvelle vie peut émerger et s'épanouir. Dans de bonnes conditions, elle germera, se transformera et perdra sa propre identité en donnant naissance à une nouvelle plante. Le chant de la Graine est mystique et plein d'espoir. Elle est minuscule, mais infinie. C'est l'univers dans une goutte.

CONSEILS DE LA GRAINE : cette carte vous rappelle votre incroyable valeur. Ne sous-estimez pas votre potentiel. Vous êtes peut-être en train de changer : de mourir pour renaître dans un autre domaine. Ne craignez pas de quitter le rivage, il se peut que vous deviez perdre votre identité actuelle pour devenir ce que vous devez être. Qu'il s'agisse d'une nouvelle relation, d'une naissance ou d'un nouveau travail, ayez foi en vous. Soyez prêt à devenir une nouvelle version de vous-même au cours de ce processus. Même si vous vous sentez parfois démuni, rappelez-vous les étonnantes possibilités qui sont en vous. Soyez patient avec vous-même tant que vous n'êtes qu'une graine, mais soyez prêt quand le temps de germer (grandir) viendra.

6. ARBRE

Croissance, vie, enracinement

Accédez à votre plein potentiel et cherchez la sagesse.

CHANT DE L'ARBRE : grandissant à partir d'une minuscule graine, l'Arbre lance ses racines sous la terre, construisant une base solide à partir de laquelle il continue à se développer. Dans ses premières phases, il a besoin d'être nourri et protégé de son environnement. Toutefois, dès qu'il a dépassé le stade de la graine et de la jeune pousse, l'Arbre peut tenir debout seul et braver les éléments. Grâce à ses racines profondes et à son tronc robuste, il ne craint ni les vents violents ni la pluie, et sa ramure peut abriter les oiseaux. Le chant de l'Arbre est plein de sagesse, mûrie au fil des ans. Bien ancré, l'Arbre est fort et accède à son potentiel.

CONSEILS DE L'ARBRE : cette carte annonce un potentiel de croissance qu'il vous revient de faire fructifier. À un stade précoce, relations, carrière, idées, projets sont un peu instables, mais l'apparition de l'Arbre suggère que vous avez franchi les étapes initiales avec succès. Vous avez renforcé votre base, ce qui vous permet de faire face aux obstacles plus facilement. L'Arbre est le signe que vous avez développé votre potentiel. Vous devriez éprouver un sentiment d'accomplissement et être fier d'être arrivé si loin. Prenez le temps de mesurer le chemin parcouru. Vous êtes peut-être en position de faire profiter autrui de la sagesse que vous avez acquise. Réfléchissez à la manière de transmettre une partie de ce que vous avez appris pour permettre à d'autres de réaliser aussi leur plein potentiel.

7. RACINE

Ancrage, stabilité, immobilité

Entretenez vos fondations et ce qui vous soutient.

CHANT DE LA RACINE : se développant sous terre, la Racine reste souvent invisible, soutenant tranquillement une plante et absorbant les nutriments nécessaires à sa vie. La Racine ne fait pas que capter de quoi alimenter la plante, elle la stabilise. En se ramifiant sous terre, elle lui fournit un système d'ancrage essentiel. Elle l'empêche ainsi de tomber en cas de conditions météorologiques difficiles et lui permet de continuer à pousser en s'appuyant sur des fondations solides. Le chant de la Racine est calme et discret, sourd et continu. La Racine ne demande ni remerciement ni considération pour la nourriture et la stabilité qu'elle offre à la plante. Elle ne se soucie pas d'être vue et travaille tranquillement sous terre.

CONSEILS DE LA RACINE : cette carte vous rappelle qu'il est important d'avoir une base stable pour vous développer. Comme une plante, vous disposez d'un système de soutien souterrain pas toujours visible, mais essentiel à votre bien-être. Nourrissez-vous, que ce soit en passant du temps avec vos amis et votre famille, ou en mangeant équilibré et en faisant du sport. C'est le moment de vous demander ce qui participe à la stabilité de votre vie. Là où vous vous sentez en sécurité, voyez à quoi ou à qui vous le devez. Là où vous avez moins d'assurance, réfléchissez aux changements à faire pour renforcer votre base et votre équilibre.

8. ÎLE

Solitude, indépendance, isolement

Cherchez la paix dans la solitude et l'indépendance.

CHANT DE L'ÎLE : l'Île se dresse seule dans l'immensité de la mer. Souvent vierge de toute vie humaine, l'Île est un morceau de terre isolé et préservé. Elle se suffit à elle-même, exemple d'indépendance et d'autosubsistance. Qu'elle soit couverte d'arbres ou rocheuse et nue, volcanique ou paradisiaque, peu importe ce qui la compose, l'Île n'a pas besoin de plus pour exister. Loin de toute autre terre, elle n'est pas affectée par ce qui se passe ailleurs. Le chant de l'Île est un chant de solitude – elle est seule, mais ne se sent pas abandonnée.

CONSEILS DE L'ÎLE : le message de cette carte est que vous devez trouver la paix dans la solitude. Vous dépendez peut-être trop des autres, que vous évitiez de passer du temps seul ou que vous cherchiez des distractions pour vous fuir. L'Île vous demande de vous réhabituer à vous-même, d'accepter de passer du temps seul et d'avoir plus d'indépendance. Elle vous invite à cesser de regarder chez le voisin et de vous comparer aux autres. Croire que l'herbe est plus verte ailleurs ne vous servira pas et cause insatisfaction et envie. Cette carte vous demande aussi de réfléchir à votre attachement aux biens matériels et à votre dépendance au consumérisme du monde moderne. L'Île vous incite à désencombrer votre vie, au propre comme au figuré.

9. PRINTEMPS

Nouveaux départs, naissances, promesse

Manifestez vos rêves et concrétisez vos idées.

LE CHANT DU PRINTEMPS : après un long hiver, l'arrivée du Printemps est accueillie avec joie. Ayant enduré des jours sombres, le monde renaît. Le Printemps souffle un air plus léger, les jours allongent et les nuits raccourcissent. C'est un temps de promesse, de nouveaux départs et de renaissance. Les graines semées il y a longtemps sortent de terre et les fleurs s'épanouissent, inondant le monde de couleurs. Les animaux sortent d'hibernation, donnant naissance à de nouvelles générations. Le chant du Printemps est joyeux et excitant, chargé de potentiel. Le monde revit – plus chaud et léger et à nouveau plein de possibilités.

CONSEILS DU PRINTEMPS : cette carte annonce le début de quelque chose de nouveau. Si vous sortez d'une période sombre, vous aurez l'impression de retrouver la lumière. Il est question d'un sentiment de soulagement et de joie, la vie est plus légère. C'est le moment de manifester vos rêves et de concrétiser les idées et les projets que vous avez mûris. Cette carte vous indique que vous avez suffisamment réfléchi et qu'il est temps de passer à l'action. Idées et projets sont favorisés, c'est donc le bon moment pour entreprendre. Il se peut aussi que vous commenciez à voir les résultats d'un travail précédent. Le Printemps est synonyme de nouveaux départs, alors gardez votre esprit et votre cœur ouverts aux personnes et aux opportunités nouvelles et accueillez-les à bras ouverts.

10. ÉTÉ

Opportunité, optimisme, joie

Profitez pleinement de la vie et dites « oui » aux opportunités.

CHANT DE L'ÉTÉ : l'Été est une saison de joyeux optimisme. Les plantes et les fleurs s'épanouissent, les fruits sont mûrs et abondants, et le monde resplendit de couleurs. En Été, le jour dure plus longtemps que la nuit, inondant la terre d'une chaude lumière. La fraîcheur du printemps s'est dissipée et l'atmosphère est radieuse. Il souffle un vent d'aventure et de positivité, de vie et d'excitation. L'Été regorge de soleil – son *prana* (force vitale) insuffle énergie et espoir à tout ce qu'il touche. Les oiseaux et les abeilles réagissent à cette haute fréquence, faisant de l'Été un chant de pure célébration et de joie.

CONSEIL DE L'ÉTÉ : cette carte annonce une période de bonheur. Vous ressentez toute la puissance de la vie. Votre force, vos ambitions, vos qualités et votre réussite sont à l'honneur. Profitez de la liberté, des aventures et des opportunités qui se présentent. Quelle que soit votre situation, choisissez d'être optimiste et de voir le bon côté de la vie. La puissance de votre esprit et la pensée positive peuvent vraiment vous aider à vous sentir plus heureux et satisfait. C'est un bon moment pour vous ouvrir au monde et saisir les occasions qui surgissent. Entourez-vous de gens, passez du temps dehors et lancez-vous dans de nouvelles aventures. Nouveaux amis, nouveaux hobbies, nouveaux lieux... les possibilités sont infinies, tout ce que vous avez à faire est de dire oui ! Sentez l'énergie qui coule dans vos veines : vous êtes vivant. Profitez-en.

11. AUTOMNE

Moisson, changement, fins

Le changement est inévitable
et la fin amène un renouveau.

CHANT DE L'AUTOMNE : l'Automne est marqué par la dualité. L'abondance règne, les récoltes sont à point et prêtes à être moissonnées. C'est le moment de se reposer pour jouir de ces fruits. Mais le déclin s'amorce : la lumière du jour diminue, les feuilles tombent des arbres, laissant les branches nues et ce qui n'a pas été récolté se gâte. C'est un temps de mort, de fins et d'assombrissement. L'Automne impose à la terre un rythme plus lent, réduisant les signes de vie et de croissance. C'est le moment de se tourner vers l'intérieur, de dire adieu à ce qui n'est plus. Le chant de l'Automne est donc à la fois de célébration et de deuil. C'est une transformation essentielle et inévitable.

CONSEILS DE L'AUTOMNE : cette carte annonce un grand changement dans votre existence. Vous pouvez connaître abondance et succès dans un domaine de votre vie, mais quelque chose se termine. Cette dualité est déstabilisante, mais l'Automne vous rappelle que le changement est inévitable et qu'en l'acceptant et le traversant, vous vous élevez. Laisser partir ce qui ne vous sert plus libérera de l'espace pour de nouvelles choses. Acceptez les évolutions naturelles de la vie, sachant qu'elles sont nécessaires à votre croissance. C'est aussi le moment de vous recentrer sur vous-même. Concluez des projets et des discussions inachevés et cherchez à clarifier les choses. La vie prend un nouveau cours et vous gagnerez à tourner la page.

12. HIVER

Introspection, difficulté, hibernation

C'est un temps pour l'introspection...
soyez prêt à relever un défi.

CHANT DE L'HIVER : l'arrivée de l'Hiver marque le début d'une saison plus froide et sombre. Les jours sont plus courts, les nuits plus longues, et la chaleur du soleil n'est qu'un lointain souvenir. Les plantes et les animaux se reposent. Ils cessent de croître et se contentent d'exister. Bien que nécessaire, cette saison peut être difficile. Le temps inhospitalier pousse les animaux à hiberner pour ne ressortir qu'au printemps. Il y a peu de signes de vie ; les plantes et les fleurs sont elles aussi mortes. Le chant de l'Hiver est froid et triste. C'est une saison d'acceptation et de résilience que réchauffe l'espoir du prochain printemps. On sait que ce moment est essentiel et temporaire. Lui aussi passera.

CONSEILS DE L'HIVER : cette carte vous rappelle que la vie peut comporter des épreuves. Ces difficultés ne sont pas seulement inhérentes à toute existence, elles sont également nécessaires à votre croissance. Le but de l'Hiver est de vous amener à regarder de plus près les aspects de vous-même et de votre vie que vous avez négligés pendant le printemps et l'été (des périodes plus faciles). Oubliez vos projets un instant et restez simplement avec vous-même. Vous gagnerez à ralentir, à être un peu seul et à prendre soin de vous. Solitude et résistance sont essentielles pour tirer parti des leçons qui vous sont offertes. L'Hiver peut apporter son lot de luttes et de difficultés, mais vous êtes équipé pour les affronter. Vous obéissez à des cycles et, comme les saisons, vous traversez des phases de changements qui se répètent. N'oubliez pas qu'après l'Hiver vient le Printemps.

13. PAPILLON

Transition, transformation, évolution

Les temps changent... émergez dans toute votre gloire.

CHANT DU PAPILLON : le Papillon est un symbole de puissante croissance. Bien que ses belles ailes soient fragiles, elles représentent un miraculeux parcours de transformation. Le Papillon subit une énorme métamorphose. Il vit une partie de sa vie sous une forme entièrement différente. D'abord chenille incapable de voler, il rampe sur la terre, avant de s'endormir dans sa chrysalide. Enfin, sans hâte et seulement quand il est prêt, il paraît au monde dans toute sa gloire. Le Papillon, si différent de sa forme originelle, chante la transformation. Il représente l'élévation, la réalisation du plein potentiel. Malgré ses débuts modestes, il traverse un changement qui le métamorphose en quelque chose de magnifique.

CONSEILS DU PAPILLON : l'apparition de cette carte indique que vous abordez un grand changement. La sagesse du Papillon vous incite à vous abandonner à la puissante transformation que vous vivez. Vous devez renoncer à votre ancienne identité afin de passer au niveau suivant, une étape essentielle pour accéder à votre moi supérieur. Approchez cette phase de votre vie avec enthousiasme et courage. Cela peut vous sembler intimidant, les périodes de changements sont toujours déstabilisantes, mais sachez que cette métamorphose vous fera évoluer. Le Papillon est un symbole positif qui montre que vous pouvez tout modifier, quel que soit votre passé. Faites-vous confiance : écoutez votre cœur et votre âme. Vous connaissez le chemin. Embrassez la transformation que vous vivez actuellement. Quand le moment sera venu, déployez vos ailes et laissez votre ancien moi derrière vous.

14. LIBELLULE

Adaptabilité, présence, acceptation

Vivez le moment présent et profitez du voyage.

CHANT DE LA LIBELLULE : la Libellule possède de belles ailes qui battent rapidement et indépendamment les unes des autres, ce qui lui permet de changer de direction. Cela fait d'elle un insecte au vol flexible qui se déplace de manière acrobatique en gardant son équilibre. La Libellule passe la majeure partie de sa vie au stade larvaire, muant régulièrement jusqu'à sa taille adulte. Une fois apte à voler, elle ne vit qu'une semaine. Son chant est donc de présence et d'acceptation, elle profite des bonnes choses quand elles viennent. Elle ne s'apitoie pas sur la brièveté de sa vie, mais jouit pleinement de chaque jour, volant où le vent la porte.

CONSEILS DE LA LIBELLULE : la Libellule vous invite à accepter votre vie, avec ses hauts et ses bas. Tout comme elle, vous avez la force de vous adapter aux situations adverses tout en restant calme et posé. Vous pouvez changer de direction rapidement sans être déstabilisé. Cette capacité vous permet d'accueillir les opportunités et de dire « oui » à de nouvelles ouvertures si elles correspondent à vos objectifs. Soyez conscient que vous passerez par de nombreux stades, tous importants et essentiels, avant d'arriver à votre forme finale. Savoir que la vie n'est pas une question de destination, mais de voyage doit vous inciter à la patience et à l'acceptation. Quand des moments de joie se présentent, profitez-en et soyez-en reconnaissant au lieu d'anticiper leur fin.

15. SOLEIL

Passion, puissance, positivité

Rappelez-vous d'être joyeux
et ayez un regard positif sur la vie.

CHANT DU SOLEIL : le Soleil est source de lumière, de chaleur, sans lui il n'y aurait pas de vie sur terre. En plus de réchauffer et d'éclairer toutes les créatures vivantes, il a d'autres pouvoirs. Il est maître des saisons, du temps et du climat. Le chant du Soleil est plein de vie et de couleurs, généreux et désintéressé. C'est un chant passionné, positif et optimiste. Le Soleil offre espoir et encouragements à ceux qu'il éclaire, leur rappelant combien il est bon d'être en vie et de continuer à croître. Il illumine tout ce qu'il touche, transformant un jour gris en une vision éclatante. Mais ne vous en approchez pas trop, car sa brûlure est intense !

CONSEILS DU SOLEIL : le Soleil vous suggère de travailler avec vos passions. Elles sont puissantes et il est temps de leur accorder toute votre attention. Vous avez la volonté et l'ambition de manifester vos rêves, alors utilisez cette énergie pour les concrétiser. Le Soleil symbolise aussi votre nature généreuse. Altruiste, vous pouvez utiliser votre ardeur positive pour aider les autres. Vous brillez tel l'astre du jour et votre *prana* (force vitale) est contagieux. Votre simple présence réchauffe les cœurs. Souriez aux étrangers, partagez vos idées, répandez la joie. Vous êtes puissant, influent et répandez le bonheur autour de vous.

16. LUNE

Phases, féminité, émotion

Utilisez votre énergie féminine face aux différentes phases de la vie.

CHANT DE LA LUNE : qu'elle soit croissante ou décroissante, la Lune change constamment selon ses cycles. Vue de la terre, sa forme se modifie au gré de ses phases toujours répetées. Parfois disque plein dans le ciel, elle n'est plus qu'un mince croissant à d'autres moments. La Lune accompagne la terre dans l'espace, chacune exerçant une forte influence sur l'autre. Elle possède une attraction gravitationnelle qui influe sur les marées, les saisons et la durée des jours. Son rythme nous guide. Cet astre est aussi source de lumière dans la nuit obscure. Le chant de la Lune est doux et féminin, mais sa mélodie répétitive est indéniablement puissante.

CONSEILS DE LA LUNE : la nature changeante de la Lune rappelle que les humains aussi passent par des phases. Soyez fluide comme l'océan dont les marées sont guidées par cet astre. Vous êtes un être cyclique, ne luttez pas contre ces rythmes, acceptez-les et embrassez-les. Que vous viviez une phase de plénitude, de renouveau ou un entre-deux, honorez votre situation actuelle. Sachez que vous sortirez de cette phase pour en entamer une nouvelle quand le temps sera venu. Si vous traversez une période émotionnellement forte, acceptez de la ressentir profondément, en accordant à chaque émotion l'attention et la présence qu'elle mérite. Faites preuve de douceur et accueillez vos vulnérabilités. Exprimez votre énergie de déesse et laissez-vous inspirer par la Lune.

17. ÉTOILE

Divinité, guidance, direction

Vous êtes guidé par quelque chose de plus grand... trouvez du réconfort dans cette certitude.

CHANT DE L'ÉTOILE : l'Étoile est un objet astronomique, une lumineuse boule de gaz maintenue par sa propre gravité. Par une nuit claire, on en voit des milliers dans le ciel. Leur scintillement réconforte dans l'obscurité.

L'Étoile est un guide pour la navigation et pour l'esprit, un rappel qu'il y a quelque chose de plus grand que nous. Dans nos vies agitées, elle reste source d'espoir et de réconfort. Même dans la nuit la plus sombre ou quand vous ne pouvez pas la voir, elle brille toujours. Son chant est d'inspiration et de guidance, il vous dit que vous faites partie de quelque chose de plus grand. À travers elle, vous voyez se refléter votre propre et unique éclat.

CONSEILS DE L'ÉTOILE : l'Étoile vous rappelle qu'il y a quelque chose de plus grand. Que cela soit source de réconfort ou d'espoir, selon ce dont vous avez besoin en ce moment. Prenez du recul par rapport à votre vie et à tout ce qui vous semble important, adoptez une perspective plus large. Songez à l'insignifiance de tout cela dans le grand ordre des choses. Considérez l'étendue de l'univers et le miracle de votre présence ici-bas. Ressentez la magie divine. Si vous avez besoin de guidance, demandez. Il est parfois difficile de voir la voie à suivre, mais exprimer le besoin d'être illuminé permettra aux choses de devenir plus claires. L'univers est toujours à l'écoute. Sachez que vous êtes guidé par quelque chose de plus grand ; n'oubliez pas de lever les yeux.

18. AIGLE

Sagesse, liberté, loyauté

Recherchez la sagesse et l'équilibre,
mais ne sacrifiez pas la liberté.

CHANT DE L'AIGLE : l'Aigle déploie ses grandes ailes et s'élève sans effort avec le vent, jouissant d'une liberté sans limites. Il n'a pas de contraintes et pas de prédateurs à fuir. Oiseau de proie majestueux, il survole la terre et voit les choses de haut, dans une perspective plus large. En dépit de sa capacité à vagabonder où bon lui semble, l'Aigle garde le même partenaire durant toute sa vie, retrouvant son nid après de longues absences et faisant preuve d'une grande loyauté. Il respecte un parfait équilibre entre fidélité et liberté, entre une vie d'exploration et d'aventure et le confort d'un nid et d'une famille. Le chant de l'Aigle est honnête, simple et expansif.

CONSEILS DE L'AIGLE : l'Aigle est un phare de sagesse. L'apparition de cette carte suggère que vous avez besoin d'exercer votre liberté tout en préservant vos relations et en honorant vos engagements. Si vous ressentez un déséquilibre, l'Aigle vous invite à chercher l'harmonie. Avoir des responsabilités n'implique pas de leur sacrifier votre liberté. Trouvez de nouveaux moyens de déployer vos ailes sans abandonner vos engagements. Il est parfois utile de prendre du recul pour voir votre vie sous un autre angle. Réfléchissez à ce qui compte pour vous et comment vous ménager du temps. L'Aigle vous incite à vivre votre vérité et à rester loyal. Vous vous élèverez plus haut en respectant votre authenticité et votre liberté.

19. BALEINE

Communication, empathie, intelligence

Utilisez votre intelligence émotionnelle pour mieux communiquer.

CHANT DE LA BALEINE : cette magnifique créature nage avec grâce dans la mer profonde malgré sa taille. La Baleine est douée pour communiquer, utilisant l'écholocalisation pour entrer en contact avec les autres et pour s'orienter dans l'océan. Extrêmement intelligente, elle a la capacité de décrypter les émotions et d'y répondre. À l'écoute des sentiments des autres, elle tient compte de leurs désirs et de leurs besoins. Cette douce géante est pleine d'empathie et de compassion. Le chant de la Baleine est une mélodie fluide et bienveillante. Elle ne cesse de communiquer avec ses congénères tout en glissant dans les profondeurs de l'océan.

CONSEILS DE LA BALEINE : cette carte signale qu'une communication franche est importante en ce moment. En ayant une conversation, surtout sur des sujets inconfortables, vous constaterez que l'ouverture et l'honnêteté vous aident à grandir et approfondissent vos relations. Dire ce que vous ressentez est courageux, même si cela vous rend vulnérable, et c'est essentiel pour obtenir ce que vous voulez de la vie. Que ce soit dans une relation sentimentale ou platonique, avec des collègues ou des supérieurs au travail, parlez vrai. Il est probable que vous rencontriez empathie et compréhension. Savoir vous exprimer sans agresser ni accuser vous aidera à obtenir le résultat souhaité. Il est important pour vous de bien communiquer et écouter. Si une personne veut vous parler, soyez ouvert. Suivez votre intelligence émotionnelle et traitez ceux qui vous entourent avec gentillesse et empathie.

20. OASIS

Refuge, sécurité, répit

Cherchez un répit… trouvez sécurité et paix.

CHANT DE L'OASIS : quel soulagement de trouver l'Oasis dans le vaste désert stérile ! C'est un point d'eau et de verdure providentiel dans un paysage aride. Des terres fertiles entourent la source d'eau douce. L'Oasis est un petit havre de vie au sein d'un environnement hostile. Ses terres sont riches et humides, favorables à la croissance d'une végétation luxuriante soutenue par ses qualités vitales. C'est aussi un lieu où les animaux assoiffés peuvent venir boire, un refuge bienvenu après une longue traversée du désert. L'Oasis est rare et précieuse, un lieu improbable, mais sûr, paisible et providentiel.

CONSEILS DE L'OASIS : cette carte annonce un répit. Vos difficultés vont cesser pour un temps ; mais il s'agit plus d'une pause que d'une conclusion, alors attendez-vous à voir ressurgir ces problèmes. Bien que cette trêve soit temporaire, vous vous sentirez revigoré et reposé. Vous trouverez la force et la capacité d'affronter cette épreuve dans une nouvelle perspective. Ce regain d'énergie vous aidera à y faire face plus efficacement. Cette carte vous appelle également à être là pour ceux qui en ont besoin. Il se peut que quelqu'un de proche se trouve dans une situation difficile et que vous deviez le soutenir et le réconforter en l'écoutant, en le comprenant et en faisant preuve d'empathie.

21. FRUIT

Abondance, plaisir, maturité

Profitez des doux fruits juteux de la vie.

CHANT DU FRUIT : le Fruit contient des graines riches d'un nombre infini de nouveaux fruits. Cela en fait un symbole d'abondance. Il est le produit d'une plante vigoureuse qui a reçu tout ce dont elle a besoin : eau, espace et soleil. Grâce à ces bonnes conditions, le Fruit grossit sur l'arbre, devenant plus sucré et plus mûr au fil des jours. Le Fruit se présente sous de nombreuses variétés aux saveurs différentes, qui sont autant de sources de nourriture pour les animaux. Le chant du Fruit mêle plaisir et jouissance. Porteur de joie, il est un délice pour les papilles et la santé.

CONSEILS DU FRUIT : cette carte vous rappelle que la vie est douce. Son apparition suggère que vous êtes sur le point de recevoir une abondance de bonheur et de positivité. Soyez prêt et confiant, en acceptant ce qui se présente avec gratitude. Les méditations d'ouverture du cœur peuvent vous aider à améliorer votre capacité à accueillir l'abondance. Le Fruit indique aussi que ce que vous avez cultivé est maintenant arrivé à maturité. Il peut s'agir d'une idée, d'un projet, d'une relation ou d'une entreprise. Quoi que vous ayez développé, il est temps de passer à l'étape suivante. Votre travail acharné et votre patience ont payé, le moment est venu de vous reposer et de profiter. De bonnes nouvelles sont en vue ! Offrez-vous ce qui vous rend heureux. Vous méritez de jouir de la vie.

22. CRISTAL

Clarté, perfection, énergie

Vous êtes pur et parfait comme vous êtes.

CHANT DU CRISTAL : la cristallisation est le passage d'un état de chaos à celui de perfection. Scientifiquement, les molécules se rassemblent pour se stabiliser quand un liquide commence à refroidir et durcir. En se produisant de manière répétée et uniforme, ce processus crée un motif géométrique parfait, le Cristal. De n'importe quelle couleur, taille et forme, il peut être scintillant et facetté, opaque et rugueux ou lisse et brillant. De près, on y distingue des motifs complexes et des formes fascinantes. L'énergie du chant du Cristal peut vous influencer, vous guérir et vous protéger. Ce trésor, pur et parfait, est un autre cadeau de la nature.

CONSEILS DU CRISTAL : le Cristal vous dit que vous êtes parfait, tel que vous êtes. Il ne peut en être autrement. Vous êtes exactement comme vous devez être, en ce moment même. Vous n'avez pas besoin d'attendre de toucher à un but particulier. Vous évoluerez, mais vous êtes déjà admirable et l'avez toujours été. Vous êtes constitué de particules assemblées de manière à être doté de profondeur, d'émotions, de conscience. Comme le Cristal, vous êtes un trésor improbable, pur et parfaitement formé. Étant aussi un être énergétique, facilement influencé par les fréquences environnantes, vous devez faire attention à ceux qui vous entourent. Les personnes positives vous aideront à vous élever et à élever votre vibration, et vous ferez de même en retour.

23. OCÉAN

Profondeur, obscurité, inconnu

Plongez pour découvrir vos propres profondeurs.

CHANT DE L'OCÉAN : l'Océan est une énorme masse d'eau salée qui couvre plus de 70 % de la surface de la Terre, et sous sa surface se cache un tout nouvel univers. Il offre un foyer à d'innombrables plantes et animaux, il regorge de récifs grouillant de vie, poissons colorés, coraux et créatures bioluminescentes. En raison de ses immenses profondeurs, il nous reste en grande partie inconnu. De nombreuses zones, inaccessibles aux humains, demeurent mystérieuses et inexplorées. L'Océan renferme bien des secrets dans ses eaux profondes, sans les révéler à ceux qui cherchent. En conséquence, son chant est mystérieux, peu familier à nos oreilles. Il y a beaucoup de choses qui restent à comprendre à son sujet.

CONSEILS DE L'OCÉAN : comme l'Océan, vous avez de grandes profondeurs. Sous la surface, il se passe beaucoup de choses que nul ne peut voir. L'apparition de cette carte vous invite à plonger profondément en vous-même. Que cachez-vous aux autres et pourquoi ? Que vous cachez-vous ? L'Océan vous appelle à vous familiariser avec votre part d'ombre. Il vous demande d'examiner ce que vous ne révélez pas, ce que vous préférez ne pas aborder. Plongez dans ce que vous fuyez afin de mieux comprendre ce qui se passe en vous. Appropriez-vous et honorez tous les aspects de votre personnalité. Plus vous apprendrez à vous connaître et partagerez cette connaissance avec les autres, plus votre vie deviendra authentique.

24. COQUILLAGE

Éternité, protection, sécurité

Vous êtes protégé et en sécurité.

CHANT DU COQUILLAGE : créé par un animal vivant sous la mer, le Coquillage est un rempart pour son habitant. Il lui sert de protection et de maison. Le Coquillage se présente sous de multiples formes et tailles, chacune aussi unique que la créature qui y vit. Il peut être incurvé ou anguleux, présenter des motifs de spirales ou de points, avoir un intérieur irisé ou d'autres détails complexes. Le plus souvent, le Coquillage échoué sur la plage est vide de tout occupant, c'est un trésor offert par la mer. Son chant parle de sécurité. Ayant abrité une créature sous-marine, l'ayant protégée des prédateurs, le Coquillage est un sanctuaire. Il est également un symbole d'éternité : il poursuivra son voyage sans fin, devenant peut-être le foyer d'un nouvel animal ou finissant entre les mains d'un promeneur sur une plage lointaine.

CONSEILS DU COQUILLAGE : cette carte signifie que vous êtes en sécurité. Que vous vous sentiez inquiet sur le plan financier, émotionnel ou spirituel, le Coquillage vous rappelle que vous êtes fort. Vous possédez tout ce dont vous avez besoin pour rester sauf et pour mener une vie équilibrée et heureuse. Vous êtes protégé par ceux qui vous aiment et par vous-même. Remerciez votre Moi passé de vous avoir construit un avenir sûr et continuez à prendre de bonnes décisions en matière d'argent et de relations. Cette carte vous dit que, comme le Coquillage, votre voyage est sans fin. Votre destination est inconnue et sans importance. Soyez présent tout au long de votre périple, en sachant que vous serez en sécurité.

25. ORAGE

Chaos, colère, turbulences

Dans des temps difficiles et turbulents,
rappelez-vous qu'ils passeront aussi.

CHANT DE L'ORAGE : provoqué par une violente perturbation atmosphérique, l'Orage libère une énorme quantité d'énergie. Il se caractérise par des vents puissants, de la pluie, de la grêle, du tonnerre et des éclairs. L'Orage peut se déchaîner de manière brutale, allant jusqu'à provoquer peur et destruction. C'est une explosion nécessaire pour évacuer une accumulation d'énergie et rétablir le calme. Le chant de l'Orage est chaotique, chargé de passion et de fureur. Il éclate tout à coup à la manière d'une colère incontrôlable. Rien ne l'apaise, il faut attendre qu'il se calme de lui-même. Il symbolise crises et turbulences.

CONSEILS DE L'ORAGE : cette carte annonce des temps difficiles. Vous risquez de rencontrer des épreuves soudaines à moins que votre vie ne semble incontrôlable et chaotique. La tempête a grossi, peut-être à votre insu, et maintenant elle est inévitable. Il est possible que des événements vous prennent au dépourvu ou que vous ayez à gérer des complications et des conflits inattendus. Quoi qu'il en soit, vous devez faire face à des difficultés et vous préparer à ce que les choses empirent avant de s'améliorer. Vous êtes équipé pour affronter la tempête. Vous avez la force et la sagesse nécessaires pour traverser ces turbulences. Autorisez-vous à ressentir pleinement tout ce que l'Orage soulève en vous. Ainsi, vous transformerez et surmonterez ces émotions, en veillant à les traiter afin qu'elles ne s'accumulent pas de nouveau. Souvenez-vous que l'Orage passera. Vous retrouverez la paix.

26. PLUIE

Renouveau, nettoyage, clarté

Évacuez l'ancien pour faire place au nouveau.

CHANT DE LA PLUIE : la Pluie est constituée de gouttelettes d'eau qui se condensent dans le ciel et tombent sur le sol en l'abreuvant. Elle est essentielle au développement de la vie sur terre. De nombreux pays subissent de longues sécheresses et ne reçoivent que de rares précipitations. Lorsque la Pluie revient enfin, c'est un soulagement. Elle arrose les champs, remplit les lacs et les points d'eau et permet au cycle de la vie de continuer. La Pluie nettoie également la terre, créant un sentiment de renouveau. Elle débarrasse l'atmosphère de ses miasmes et laisse dans son sillage légèreté et fraîcheur. Le chant de la Pluie rafraîchit. Elle évacue ce qui est ancien et stagnant pour faire place au nouveau.

CONSEILS DE LA PLUIE : l'apparition de cette carte vous invite à prendre un nouveau départ. Si une situation semble sans issue ou stagne, mieux vaut tout abandonner pour repartir sur de nouvelles bases. Il est difficile de continuer à grandir quand on se sent embourbé, alors agissez pour sortir de l'ornière. Vous avez peut-être besoin de lâcher prise ou de tirer un trait sur vos soucis pour redémarrer. Si vous vous êtes senti dépossédé de quelque chose, la Pluie annonce une réparation. Une situation embrouillée qui vous a plongé dans l'incertitude pourrait se résoudre. Vous devez penser clairement, sans laisser les émotions obscurcir votre jugement. Libérez-vous de vos attachements et renoncez à votre besoin de contrôler l'incontrôlable. Avec le temps, tout deviendra clair.

27. ARC-EN-CIEL

Espoir, équilibre, magie

Gardez espoir... la magie naît de la dualité et de l'équilibre.

CHANT DE L'ARC-EN-CIEL : l'Arc-en-ciel est un phénomène optique, un magnifique spectre de lumière. En se reflétant sur la pluie ou l'air humide, les rayons du soleil projettent dans le ciel un arc multicolore. L'Arc-en-ciel est source d'émerveillement et de joie. La rencontre du soleil et de la pluie, du positif et du négatif, crée ce spectacle étonnant qui, comme beaucoup de choses dans la nature, paraît trop extraordinaire pour être vrai. L'Arc-en-ciel chante l'espoir ; avec la pluie viennent la couleur et la magie. Quand l'équilibre et l'harmonie règnent, la magie peut advenir.

CONSEILS DE L'ARC-EN-CIEL : cette carte est porteuse d'espoir. Malgré les moments difficiles, il y a toujours de la beauté à trouver. Même dans les situations sombres, la lumière est là. Avec la bonne mentalité, la vie peut être légère, malgré les inévitables coups durs. L'Arc-en-ciel vous invite à rester positif et à voir le bien en toutes choses. Il vous incite aussi à accepter votre part d'ombre et ce que vous estimez imparfait en vous. Il vous demande d'accueillir les émotions négatives de la même manière que les positives. Embrassez tous les aspects de votre vie pour trouver l'équilibre et l'harmonie. Vous devez reconnaître à la fois vos côtés sombres et vos côtés lumineux pour donner naissance à l'expression la plus magique de vous-même. Votre existence peut devenir plus miraculeuse que vous ne l'auriez imaginé quand vous vous acceptez pleinement.

28. ABEILLE

Travail, productivité, coopération

Travaillez sérieusement et soyez productif.

CHANT DE L'ABEILLE : dotée d'une énergie et d'une ténacité remarquables, l'Abeille est hyperactive. De la collecte du nectar et du pollen aux soins de ses œufs, elle est à la hauteur de sa réputation. Si certaines espèces sont solitaires, la plupart vivent en essaim dans des ruches ou des nids. Dans ces espaces communs, elles coopèrent pour une efficacité maximale. Le chant de l'Abeille parle de travail acharné, de productivité et d'efforts. Pas de repos tant que tout n'est pas fait ! Il faut œuvrer ensemble pour le bien de la communauté, avoir l'esprit d'équipe et coopérer.

CONSEILS DE L'ABEILLE : cette carte vous appelle à travailler dur. Même s'il faut savoir se reposer, il est aussi important de fournir des efforts pour récolter ce que vous avez semé. Il est temps de progresser. Vous avez souvent plus en vous que vous ne le pensez, alors donnez un coup de collier pour réussir à tout faire. Listez les tâches prioritaires, et cochez-les au fur et à mesure. Il vous faudra du courage, mais diligence et conscience professionnelle finiront par payer. Réfléchissez au moyen d'améliorer votre productivité et voyez loin. Pensez également à ceux qui vous entourent et à ce que vous pouvez faire pour leur rendre la vie plus agréable. Si possible, coopérez avec d'autres personnes pour travailler plus efficacement.

29. CHAMPIGNON

Magie, connexion, communication

N'oubliez pas... vous êtes connecté aux autres.

CHANT DU CHAMPIGNON : le Champignon se développe à partir de spores fongiques dans l'humidité et l'obscurité, conditions peu favorables à la vie. Comestible, toxique ou hallucinogène, il est puissant et a une énorme influence sur nous. Sous terre, la structure racinaire du Champignon, le mycélium, absorbe eau et nutriments. Le mycélium est aussi relié aux champignons voisins et aux racines des plantes et des arbres. Ce réseau peut signaler la présence de prédateurs ou de maladies et partager des informations climatiques. Le chant du Champignon parle de connexion magique. Poussant dans des conditions adverses et communiquant de manière mystique, c'est un original sur cette terre.

CONSEILS DU CHAMPIGNON : cette carte vous rappelle que vous pouvez vous développer dans des circonstances improbables. Des conditions contraires sont parfois nécessaires pour provoquer une évolution. Que vous rencontriez un conflit, une situation délicate, des difficultés financières ou des problèmes relationnels, ces moments vous incitent à vous remettre en question, ce qui favorise votre croissance. Vous avez un grand potentiel et un impact puissant sur les autres, alors réfléchissez bien à votre influence, car elle peut être bonne ou mauvaise. Le mycélium vous invite à vous connecter aux autres, à partager vos connaissances et votre expérience pour créer une communauté plus saine et plus forte. Rappelez-vous que votre présence ici-bas est improbable, alors pensez à toutes ces choses improbables et magiques que vous pouvez faire pendant que vous êtes là.

30. FEU

Passion, désir, énergie

Exploitez votre énergie
pour susciter de grandes choses.

CHANT DU FEU : le Feu résulte d'une réaction chimique particulière provoquant l'inflammation. L'oxygène interagit avec un combustible pour produire cet élément incroyable qui transforme la vie. Caractérisé par sa chaleur intense, il est essentiel à tout ce qui vit sur terre. Le Feu nous permet de cuire nos aliments et de brûler du carburant pour nous déplacer. Il réchauffe les soirées froides et éclaire les nuits sombres. Pourtant, en plus d'avoir une importance vitale sur terre, il peut aussi causer d'incroyables dégâts. S'il grandit trop, il devient incontrôlable et détruit plantes et animaux. Le chant du Feu est un chant de passion. C'est une énergie pure, extrêmement puissante, qui brûle vite et ardemment — une force avec laquelle il faut compter.

CONSEILS DU FEU : comme le Feu, vous êtes une boule d'énergie. Vous avez beaucoup à donner et, en ce moment, votre lumière brille intensément. Canalisez cette fougue et dirigez-la vers vos passions. Laissez votre lumière illuminer votre chemin pour y voir plus clair. Cette carte vous invite aussi à pimenter vos relations amoureuses en manifestant vos désirs. Utilisez votre énergie pour pousser vos projets et vos entreprises. C'est une bonne période pour avancer et finir ce que vous avez commencé. Vous pouvez également vous servir de cet élan pour entreprendre des choses auxquelles vous avez pensé sans avoir le temps de les réaliser. Le Feu vous encourage à mettre vos passions en pratique, à employer votre énergie pour créer et vous exprimer, pour avancer à grands pas.

31. EAU

Fluidité, métamorphose, mouvement

Rappelez-vous d'être fluide et spontané.

CHANT DE L'EAU : ce liquide translucide est vecteur de vie. Incolore, inodore et disponible, cet élément n'est pas toujours considéré à sa juste valeur. Pourtant, l'Eau est indispensable à la vie animale et végétale sur terre et lui permet de s'épanouir. Elle prend de nombreuses formes : elle s'écoule en rivières, s'étend en lacs tranquilles, se soulève en vagues dans la mer et tombe du ciel en pluie. Le chant de l'Eau est fluctuant, il prend différentes apparences selon son contenant. Il n'est pas figé, mais fluide et versatile, il s'adapte à son environnement.

CONSEILS DE L'EAU : l'Eau enseigne l'importance de la fluidité. Il est naturel pour l'être humain de se donner des étiquettes et d'agir en fonction de cette image, mais au fil de la vie, vous changerez et évoluerez. Vous pourriez vous bloquer dans votre élévation en étant trop rigide. En assouplissant cet attachement à votre identité, vous vous offrez la grâce de croître naturellement. Votre vie sera plus libre si vous vous fixez moins de plans précis pour l'avenir, afin de vous permettre de prendre des décisions qui vous conviennent selon les circonstances. Donnez-vous la possibilité d'être spontané, dites « oui » à ce qui vous attire et « non » à ce qui ne vous va pas. L'Eau vous rappelle également d'accorder aux autres l'espace nécessaire pour être fluide et changer ; assurez-vous de ne pas vous tenir la bride trop serrée et de laisser votre entourage respirer. Soyez aussi fluide que l'Eau.

32. AIR

Souffle, vie, voyage

Votre respiration est un outil puissant et stabilisateur.

CHANT DE L'AIR : ce mélange invisible de gaz entoure la terre. L'Air est un échange d'électrons, un flux d'énergie. Bien qu'on ne puisse pas le toucher, le goûter, le voir ou le sentir, l'Air est toujours présent autour de nous, remplissant l'espace. Il est essentiel à la vie. Il forme une barrière autour de la terre, nous protégeant des rayons qui autrement nous nuiraient. L'Air est aussi indispensable à la respiration des plantes et des animaux, leur apportant de quoi se nourrir, grandir et vivre. Constamment en mouvement, même sans vent, il influe sur l'humidité et la pression atmosphérique. Le chant de l'Air parle donc de mobilité et de voyage, d'être léger, toujours prêt à partir. Il parle aussi de vie. L'Air est la source de la vie et porte en lui l'esprit et la puissance du souffle cosmique.

CONSEILS DE L'AIR : l'Air vous rappelle l'importance de votre respiration. Elle est non seulement vitale, mais peut être facteur d'équilibre. Respirer lentement et profondément dans le ventre régule le système nerveux, connecte au présent et remplit d'un sentiment de calme. Utilisez votre respiration pour vous ancrer et vous enraciner. Aspirez l'Air à pleins poumons et remerciez d'être là où vous êtes. Vous pouvez également vous inspirer de l'Air pour être léger, prêt à bouger et voyager. Cette carte vous appelle aussi à vous libérer de ce qui vous retient, à être curieux et à explorer de nouveaux lieux.

33. TERRE

Diversité, maternité, nourriture

Vous avez un foyer sûr et magnifique.

CHANT DE LA TERRE : la Terre est notre maison. Elle est la seule planète du système solaire favorable à la vie humaine. C'est elle qui nous nourrit ; de ce fait, outre ses nombreuses qualités, la Terre peut donc revendiquer celle de mère ultime. Eau, air, feu, elle contient tout ce dont nous avons besoin pour vivre et prospérer. Elle procure à toutes les créatures, et sans contrepartie, un foyer aux beautés infinies. La Terre est le sol, une base stable sur laquelle construire. Symbole de diversité, elle contient des millions d'espèces de plantes et d'animaux, de climats et de paysages variés. Le chant de la Terre est contrasté, riche de vie, de cultures différentes, de temps, de marées changeantes, ainsi que d'une flore et d'une faune magnifiques.

CONSEILS DE LA TERRE : cette carte éclaire vos qualités maternelles. Vous avez le don de rassurer et de mettre à l'aise. Voyez comment en faire profiter autrui, qu'il s'agisse de votre partenaire, de votre famille ou de personnes dans le besoin. Vous prenez soin des autres, compatissez et leur accordez de la place. Cette carte s'adresse aussi aux multiples facettes de votre nature. La diversité de la Terre reflète votre propre diversité. Vous contenez des multitudes et il est important d'honorer tous les aspects de vous-même. Acceptez à la fois la lumière et l'ombre en vous et donnez du temps et de l'espace aux parties que vous avez peut-être négligées. Vous êtes multiple et avez le droit d'expérimenter différentes choses, de goûter aux différentes saveurs que la vie peut offrir.

34. LAC

Contemplation, paix, méditation

Ralentissez et soyez calme.

CHANT DU LAC : le Lac est une étendue d'eau douce alimentée et drainée par de lents flux et reflux. Bien que l'eau entre et sorte, le Lac reste immobile. C'est un réservoir naturel entouré par la terre ferme. Le Lac peut s'étendre ou diminuer en fonction du climat, mais il reste une source de subsistance pour les plantes et les animaux autour de lui. Sa surface calme et lisse reflète son environnement. Le chant du Lac est paisible. Il offre un répit à l'effervescence du monde moderne et sa mélodie apaisante invite tous ceux qui l'entendent à rester tranquilles.

CONSEILS DU LAC : le Lac symbolise la paix. Cette carte apparaît pour vous inciter à prendre le temps de vous arrêter ou de ralentir. Mener une vie pleine et occupée est merveilleux, mais il est important de vous réserver un moment loin de tout de temps en temps. Lever le pied de l'accélérateur pour une pause bien méritée vous aidera à éviter l'épuisement et le stress. Le Lac vous invite à la contemplation, que ce soit en réfléchissant à votre passé ou en pensant à ce que vous voulez faire à l'avenir. C'est aussi un moment pour méditer et être présent dans ce moment précis. Cherchez à calmer votre esprit et à cesser de ruminer pensées, idées et plans. Trouvez un lieu de paix en vous pour comprendre ce qui se passe à l'intérieur et honorer la part de vous qui veut rester immobile. Le Lac vous appelle simplement à être.

35. CASCADE

Renoncer, purifier, s'écouler

Relâchez le contrôle et jetez-vous à l'eau.

CHANT DE LA CASCADE : la Cascade est un point dans une rivière ou un ruisseau où l'eau tombe d'une hauteur. La Cascade peut varier en forme et en apparence, selon la force de la rivière et la surface sur laquelle elle s'écoule. Après sa chute, l'eau s'accumule dans un bassin en contrebas avant que la rivière ne reprenne son cours vers l'aval. En brassant l'eau, la Cascade la purifie en l'oxygénant. Elle offre ainsi un environnement plus riche aux poissons et aux plantes vivant dans la rivière ou sur ses rives. Le chant de la Cascade parle de lâcher-prise, de purification et du flux continu de l'énergie et de la vie. Elle se jette de haut sans crainte ni hésitation, ayant confiance dans le fait qu'elle continuera son voyage. En abandonnant tout contrôle et en suivant le courant, la Cascade offre purification et renouveau.

CONSEILS DE LA CASCADE : cette carte suggère que votre perception se modifie et que d'importants changements se profilent. Qu'il s'agisse d'une relation, de votre carrière, d'une création ou d'une occasion de voyager, la stagnation n'est pas de mise ; accueillez la nouveauté. Vous n'avez peut-être pas toutes les réponses, mais faire un saut dans l'inconnu vous ouvrira à des opportunités excitantes. La Cascade vous appelle à incarner son essence même : relâcher le contrôle, avancer sans hésiter et se laisser porter par le courant. Sachez que vous pourrez vous retrouver après ce changement et continuer votre route avec un nouveau sentiment de clarté et de pureté. Il est temps de renoncer à ce qui ne vous sert plus et de vous aventurer dans l'inconnu. Laissez votre intuition vous guider. Sautez le pas !

36. SERPENT

Renaissance, mue, guérison

Vous vous transformez et renaissez constamment.

CHANT DU SERPENT : sans membre et couvert d'écailles, le Serpent est une créature dont la couleur, la taille et le comportement varient d'une espèce à l'autre. Certains sont venimeux et mortels pour leurs proies, mais ce même venin peut aussi servir en médecine pour guérir des blessures et des maladies.

Le Serpent se faufile sur le sol et mue tout au long de sa vie pour se développer et se débarrasser des parasites. Le chant du Serpent parle de renaissance et de transformation. Il accepte la transition, laissant derrière lui ce qu'il était, sans s'attacher. Ce faisant, il continue de grandir et d'évoluer, se débarrassant d'une peau ancienne et dégradée pour faire place à la nouvelle.

CONSEILS DU SERPENT : tel le Serpent, vous perdez continuellement votre peau. Cela ne se produisant pas d'un coup, vous n'en avez pas toujours conscience, mais la peau que vous avez aujourd'hui n'est pas celle que vous aviez l'année dernière. Cette carte apparaît pour vous dire d'embrasser cette renaissance continue. Acceptez de grandir avec grâce. Il se peut que vous ayez perdu des choses, qu'il s'agisse d'amis, d'amours, de biens ou de lieux. Le Serpent rappelle que rien n'est permanent dans la vie, et c'est normal. Accueillez la phase actuelle sans trop vous y attacher ou souhaiter qu'elle passe rapidement. Ce processus est riche de guérison. Ce qui vous semblait d'abord toxique peut aussi s'avérer un remède. Vous avez en vous la possibilité de tirer le meilleur parti d'une situation difficile et de l'aborder avec positivité et optimisme.

TARNELLISART.COM

@TARNELLISART

À PROPOS DE L'AUTEURE

Tarn est une artiste et écrivaine intuitive, qui crée des œuvres où se mêlent spiritualité, nature et féminin divin.

L'environnement et la nature la passionnent, ce qui transparaît dans son travail, où elle dépeint magnifiquement une terre féminine et aimante. Elle cherche à capturer l'essence des éléments, que ce soit la quiétude d'un lac, l'exubérance d'une prairie ou la splendeur d'un ciel nocturne.

Elle partage son lien sensible avec l'environnement en représentant la Terre Mère dans son art et en proposant aux gens des images qu'ils peuvent exposer chez eux, afin d'insuffler un peu de nature dans leur quotidien et se rappeler le monde magnifique dans lequel nous vivons. Diplômée en psychologie et en méditation de pleine conscience, son travail est stimulant pour l'esprit.

À rebours de l'agitation du monde moderne, Tarn encourage les gens à vivre plus lentement, en se traitant et en traitant ceux qui les entourent avec douceur.

Elle ne représente pas de visage pour permettre au spectateur de se refléter dans chaque œuvre, laissant l'interprétation ouverte. Elle dépeint également une grande variété d'ethnicités, pour figurer la diversité et la beauté de chaque femme. Cela permet au spectateur d'entrer profondément en résonance avec son art, en éprouvant des ressentis bénéfiques. Tarn espère ainsi engager son public à vivre des vies plus authentiques, aventureuses et insouciantes, en suivant leurs passions et le chemin qui est le leur.